MAISON DU PRAT.

SEIGNEURS DE VEYRIÈRES, DE PRÉCY ; BARONS DE THOURY ; COMTES
ET MARQUIS DE NANTOUILLET, DE BARBANÇON ET DE CANY ; BARONS
DE FORMERIES, DE THIERS ET DE VITEAUX ; SEIGNEURS DE GONDOLE,
DE BOUSDE, DE NAZAC, DES CORNETS, DE RIBES, COMTES DU PRAT ;
SEIGNEURS DE HAUTERIVE ET DE NIOLET, DE LA BARTHE, DE BERRY,
DE ROUEZ, DE TENNIE, ETC., MARQUIS ET COMTES DU PRAT ; SEI-
GNEURS DE SAINT-AGNÈS, DE COUX, DE LA CASENEUFVE, DE COMBLAS
ET DE CADMUS, EN AUVERGNE, EN L'ILE-DE-FRANCE, EN BOURGOGNE,
EN BOURBONNAIS, AU MAINE ET EN GUYENNE.

L'ancienneté de cette maison est attestée par
un travail de M. d'Hozier, juge d'armes de France
et généalogiste du roi, terminé au mois d'octobre
1705, lequel est conservé à la Bibliothèque royale.
Il établit, d'après les titres authentiques, que cette
maison est originaire de la ville d'Issoire en Auvergne, et qu'elle remonte à l'an 1347.

Son illustration est également consacrée par
l'histoire de France, qui fait mention des services
éminents que le chancelier du Prat a rendus à
l'Etat et à la religion sous le règne de François Ier,
ainsi que trois de ses frères qui furent évêques de

Clermont, de Montauban et de Mende. Mais ce ne
fut pas seulement dans l'ordre du clergé que cette
famille signala son dévouement pour le pays ; elle
embrassa la carrière des armes, et fournit plusieurs
prévôts de la ville de Paris, des officiers supérieurs
d'un mérite distingué, tels que brigadiers des armées
du roi, maréchaux de camp et lieutenants généraux, des chevaliers de l'ordre du roi, des cham-
bellans et gentishommes ordinaires de sa chambre,
un premier maître d'hôtel de Philippe de France,
duc d'Orléans, et un grand veneur de ce prince ;
des chevaliers à l'ordre royal et militaire de Saint-
Louis et à l'ordre de Saint-Jean de Jérusalem.

Ses alliances ont eu lieu avec les maisons les
plus anciennes et les plus honorables de France,
parmi lesquelles nous citerons celles d'Arpajon
de Séverac, Veyny d'Arbouse, Rouvroy de Saint-
Simon, d'Alègre, Clermont-d'Amboise, d'Estoute-
ville, de Chabannes, de Gouffier, de Barbançon,
de Séguier, de Castelnau-Clermont-Lodève, de
Jarente de Senas, de Chaslus-Saint-Priest, de
Colbert, de Thiard-de-Bissy, de Fay-la-Tour-Mau-
bourg, de Cosnac, de Sayve, des Barres de Ruffey,
de Saulx-Tavannes, de Sudre, de Faudoas-Bar-
bazan, d'Oradour, Le Conte de Nonant de
Raray, etc.

Cette maison a été maintenue dans sa noblesse
d'ancienne extraction par deux jugements de
M. de Fortia, intendant de la province d'Auvergne.
Les fiefs considérables, seigneuries, baronnies et

comtés qu'elle possédait dans cette province, ainsi qu'en plusieurs autres contrées de la France, attestent son importance territoriale.

La généalogie qui va suivre a été dressée sur les titres originaux et authentiques qui nous ont été fournis.

I. Barthélemi du Prat, lequel vivait en 1347, fut père, entre autres enfants, de :

1° Pierre, 1ᵉʳ du nom, qui suit ;

2° Antoinette du Prat, mariée, vers 1360, à Raimond Charrier.

II. Pierre du Prat, 1ᵉʳ du nom, vivant en 1411, eut deux fils :

1° Annet, premier du nom, qui suit ;

2° Guillaume, auteur de la branche des seigneurs de Saint-Agnès et de Coux, qui sera rapportée page 55.

III. Annet du Prat, premier du nom, dit Ricot, naquit à Issoire en 1400. Il en est fait mention, avec son frère Guillaume, dans un acte de 1440. Il avait épousé Beraude Charrier, qui portait pour armes : *d'azur, à la roue d'or*, fille de Laurent Charrier, seigneur de la Varenne, et d'Isabelle Morin. De ce mariage sont issus :

1° Antoine, 1ᵉʳ du nom, dont l'article suit ;

2° Henri du Prat ;

3° Guillaume du Prat, seigneur de Niolet en 1471. Il laissa le fils qui suit :

1.

Antoine du Prat, mentionné comme fils de feu Guillaume du Prat, dans un acte du 5 janvier 1560 (v. st.). Sa destinée ultérieure n'est pas connue ;

4° Claude, auteur de la branche de Haute-rive, seigneurs de la Barthe, de Rouez, etc., rapportée page 38 ;

5° Beraude du Prat, femme d'Austremoine Bohier, seigneur de Ciorac, secrétaire des rois Charles VII, Louis XI et Charles VIII, et consul d'Issoire, qu'elle fit père, entre autres enfants, de :

Antoine Bohier, archevêque de Bourges et Cardinal.

IV. ANTOINE DU PRAT, premier du nom, sur-nommé Ricot, et qualifié seigneur de Veyrières en 1471, consul de la ville d'Issoire en 1489; il épousa, 1° avant l'année 1463, Jacqueline Bohier, sœur d'Austremoine Bohier, mari de sa sœur Beraude, et de Thomas Bohier, général des finances. Cette famille portait pour armes : *d'or, au lion d'azur ; au chef de gueules ;* 2° Jeanne de l'Aubespine qui portait : *de gueules, à trois fleurs d'aubépine d'argent.* Ses enfants furent :

Du premier lit :

1° Antoine II, dont l'article suit ;

2° Thomas du Prat, évêque de Clermont, abbé de Mauzac, mort à Modène, le 19 novembre 1528, accompagnant Renée de France, duchesse de Ferrare;

3° Jean du Prat, évêque de Montauban en 1520;

Du second lit :

4° Thomas-Annet ou Annat, auteur de la branche des seigneurs de Gondole, de Bousde, etc., rapportée plus loin, page 29;

5° Claude du Prat, abbé de Mauzac, puis évêque de Mende en 1528, mort en 1532;

6° Charlotte du Prat, morte sans alliance;

7° Françoise du Prat, mariée : 1° avec Jean Le Clerc, dit Coctier, seigneur d'Aunay, conseiller au parlement de Paris; 2° avec Jean-Robert de Heselin;

8° Anne du Prat, femme de N.... de Vialle, seigneur de Rieucros, qu'elle rendit père de :

Michelle de Vialle, femme d'Antoine de Juyé, seigneur de la Marque, dont :

A. Sébastien de Juyé, seigneur de Pena-cors, de la Marque, etc., mort ambassa-deur de France à la cour d'Espagne, laissant de son mariage avec Jeanne de Selve, dame d'Anval, la fille unique qui suit :

Jeanne de Juyé, mariée au château d'Anval, le 18 octobre 1582, avec An-net de Cosnac, écuyer, seigneur de Cosnac en Limousin;

6 DU PRAT.

B. Louise de Juyé, épouse de messire Etienne Guilhon, dit de Lestang, seigneur de Viallar, président et lieutenant-général au siége de Brive, en bas Limousin, dont, entre autres enfants :

AA. Antoine de Lestang, premier président au parlement de Toulouse ;

BB. Christophe de Lestang, maître de la chapelle du roi, évêque de Carcassonne et commandeur de l'ordre du Saint-Esprit, mort le 12 août 1621.

V. Antoine du Prat, deuxième du nom, chevalier, seigneur de Nantouillet, baron de Thiers et de Thoury, chancelier de France et chef du Conseil, sous le règne de François Ier, archevêque de Sens, cardinal et légat, naquit à Issoire le 17 janvier 1463.

En 1496, il avait été nommé par le roi Louis XII l'un des commissaires pour présider aux états généraux de Languedoc, convoqués à Montpellier. Le même monarque le fit maître des requêtes de son hôtel, le 24 novembre 1503, et il fut l'un des commissaires royaux chargés d'instruire le procès du maréchal de Gié, déféré, en 1505, au parlement de Toulouse, où Antoine du Prat avait exercé depuis plusieurs années les fonctions d'avocat général. Il passa ensuite au parlement de Paris ; les lettres patentes de sa nomination à la charge de quatrième président de ce parlement, du 2 novembre 1506, portent que c'est en considération *des notables* et *recomman-*

dables services qu'il avait rendus, soit dans l'exercice de sa charge, soit en diverses missions à l'intérieur et hors du royaume. En 1507, il fut pourvu de la charge de premier président au même parlement. Le roi François Ier, qui avait reçu de ce magistrat de nombreuses preuves de dévouement et d'utiles conseils, l'appela près de sa personne aussitôt après son avènement, et lui conféra les sceaux et la dignité de chancelier de France, dont il prêta serment le 7 janvier 1515. Au mois d'août de la même année, il accompagna ce prince en Italie, où il fut nommé chancelier du duché de Milan aussitôt après le gain de la bataille de Marignan, et plus tard il fut également nommé chancelier du duché de Bretagne. La victoire de Marignan avait bien rompu les desseins de Léon X contre la France, mais il fallait, pour en tirer avantage, conclure un traité qui, en offrant au pape certaine satisfaction, pût raffermir nos conquêtes en Italie. Ce traité qui fut négocié à Bologne, par les soins du chancelier du Prat, est connu sous le nom de *Concordat*. Les conférences qui eurent lieu en 1520 et 1521, entre le chancelier et le cardinal Volsey, n'ayant eu aucun résultat pour la paix, le roi François Ier se décida à porter de nouveau la guerre en Italie. A son départ, ce prince laissa la direction des affaires au chancelier du Prat, comme chef du conseil de la régente (Louise de Savoie), sa mère. Après la perte de la bataille de Pavie, ce fut le chancelier du Prat qui pourvut à toutes les nécessités du royaume et qui conduisit

les négociations pour la délivrance de François Ier.
Ce monarque lui sut gré de son zèle et de son iné-
branlable fermeté durant ces circonstances ora-
geuses., et fit annuler, en les qualifiant d'attentat,
les procédures que le parlement avait fait instruire
contre ce ministre pendant l'absence du roi. Veuf
depuis de longues années, Antoine du Prat avait
embrassé l'état ecclésiastique. Son crédit et ses
éminentes qualités l'élevèrent rapidement aux
premières dignités de l'Eglise. Il fut nommé successivement évêque de Meaux et d'Alby, abbé de
Saint-Benoît-sur-Loire et archevêque de Sens en
1525, puis cardinal du titre de Sainte-Anastasie,
le 3 mai 1527. L'année suivante, il convoqua et
présida un concile provincial des évêques suffra-
gants de sa métropole de Sens, et y condamna
l'hérésie naissante de Luther, avec des rigueurs
que la barbarie du temps n'a point justifiées. Le
pape Clément VII l'investit du caractère de son
légat *à latere* en France par bulles du 4 juin 1530,
et il fit en cette qualité son entrée solennelle à
Paris le 17 décembre de la même année. Ce fut le
cardinal du Prat qui couronna la reine (Eléonore
d'Autriche) à Saint-Denis, le 5 mars 1531, et ce
fut par ses soins qu'en 1532 la Bretagne fut défi-
nitivement réunie à la couronne. Enfin, comblé
d'honneurs et d'années, il mourut en son château
de Nantouillet le 9 juillet 1535. Son cœur fut
déposé dans l'église cathédrale de Meaux, et son
corps transporté dans celle de Sens, où son petit-
fils, Antoine du Prat, seigneur de Nantouillet, lui

fit ériger un magnifique monument (1). Le concordat, la prise et la captivité de François Ier
et de ses enfants en Espagne, le sac de Rome
et la détention du pape Clément VII et des car-

---

(1) En voici l'inscription d'après *les premiers Présidents au parlement de Paris*, par BLANCHARD, page 55 :

A la perpétvelle mémoire
de la vertv et hevrevse fi-
délité de très-illvstre et
révérendissime monseignevr,
par la permission divine,
Cardinal dv Prat, archeves-
qve de Sens, légat en France
povr le Sainct-Siège aposto-
liqve, chancelier de France,
de Bretagne, de Milan, et de
l'ordre dv Roy, leqvel ayant
esté donné en ses ievnes ans
av bon roy Lovys XII, père de
la patrie, parvint avx hon-
nevrs et dignitez d'ambas-
sadevr et conseiller av
conseil, et depvis, régnant
le magnanime roy François
I., restavratevr des arts et
sciences, fvt ledict seignevr
Chancelier de sa maiesté
et chef de son conseil, et
finalment le premier de
son royavme non sevlement
en l'avthorité de la ivstice, mais
avssi en la svpresme dignité dv
Pontificat av temps dv pape Clément VII,
Et se trovvant aagé de LXXII ans, décéda en son chasteav de Nantovillet
le IXe iovr de ivillet M. V. XXXV.

Ce beau monument a été détruit par le marteau révolutionnaire : le
tombeau, la figure du cardinal et les différents accessoires ont été
complétement brisés. On a sauvé seulement quatre bas-reliefs attribués
au Primatice. Le premier représente Antoine du Prat siégeant en la

dinaux, le luthéranisme et le schisme d'Angleterre
furent les principaux évènements qui arrivè-
rent durant son administration. Son génie péné-
trant et son incroyable activité (1) le montrèrent
constamment supérieur à ces grandes épreuves,
dont la moindre eût été l'écueil d'un caractère
ordinaire. Aussi ses contemporains même, quoi-
que exaspérés par ses entreprises contre les droits
de la nation, l'ont-ils regardé comme l'un des
ministres qui ont le plus habilement gouverné la
France. L'Hôtel-Dieu de Paris lui est redevable de
plusieurs agrandissements, entre autres d'une
belle salle et d'un grand portique en pierre de
taille du côté du Petit-Pont. A la droite de ce
portique, une statue le représentait agenouillé et
les mains jointes, en habit de cardinal. Il avait
pris pour devise un homme foulant aux pieds une
plante d'oseille, avec cette inscription : *Virescit
vulnere virtus.* Il a laissé des Mémoires (manus-
crits), conservés dans la bibliothèque de Saint-
Germain-des-Prés. Il existe aussi en manuscrit un
volume in-folio de ses lettres et négociations en
1531. La reine-mère lui fit donation des terre et
baronnie de Thiers, par acte du 15 décembre 1523.

chancellerie ; le second, son entrée dans Paris en qualité de légat ;
dans le troisième, il préside le concile provincial assemblé, en 1532, à
Saint-Germain-en-Laye ; enfin, le quatrième retrace l'entrée solennelle de son corps à Sens. Ces débris sont conservés dans la cathédrale
de Sens.

(1) Elle était devenue proverbiale. On disait : *Il a autant d'affaires
que le légat.*

La confirmation dudit don, avec mainlevée de la
baronnie, eut lieu sous la date de la même année ;
la vérification et l'entérinement de ladite mainlevée faite par le sénéchal d'Auvergne, sous la
date du 15 février 1525; le procès-verbal de la
prise de possession de ladite baronnie, le 18 février
même année; la confirmation et approbation du
roi du don fait par la reine sa mère; la décharge
de 290 livres tournois de rente dues par la baronnie à la Sainte-Chapelle de Riom; l'acte de foi et
hommage fait au roi François Ier par M. le prévôt
de Paris, etc. (Tous ces titres originaux, en par-
chemin, ont été produits par la famille, lors de
la rédaction du présent article, en 1841.) Antoine
du Prat avait épousé, en 1493, Françoise Veyny,
fille d'Antoine Veyny, seigneur de Fernoel,
et de Marie d'Arbouse, dame d'Arbouse et de
Villemont; cette famille portait pour armes : *d'or,
au lion de sable.* Elle mourut à 30 ans, le 19
août 1507, et fut inhumée dans le couvent des
Bons-Hommes (Minimes) de Chaillot (1). De ce
mariage sont issus deux fils et une fille qui
suivent :

1° Antoine III, dont l'article suivra ;

2° Guillaume du Prat, abbé de Mauzac, chanoine et grand-archidiacre de Rouen. Il fut

----

(1) Ses fils lui érigèrent dans ce couvent un superbe tombeau. Elle
y est représentée à genoux, les mains jointes devant un prie-dieu. Une
colonne portant ces mots : *Vivre pour mourir,* est surmontée de la
figure de la Sainte-Vierge tenant l'Enfant Jésus. (*Histoire de Paris,*
par Dulaure, t. III, p. 399.)

élu à 22 ans évêque de Clermont, le 15 février 1528, mais il ne prit possession en personne que le 2 janvier 1535. Il assista, en 1545, au concile de Trente, où il se fit remarquer par son éloquence. De là il ramena en France des religieux de la Société de Jésus, pour lesquels il fit bâtir le *collége de Clermont,* connu depuis sous le nom de *collége Louis-le-Grand.* Son zèle pour l'établissement de ces pères ne borna point là ses libéralités. Il leur donna deux autres colléges dans son diocèse, celui de Billom, dans la Basse-Auvergne, et le collége de Mauriac, dans la Haute, qu'il dota pour l'entretien de ces religieux et pour les écoliers sans fortune qui étaient élevés dans leur maison, par son testament fait au château de Beauregard le 25 juin 1560. Il avait aussi fondé un hôpital à Clermont. Ce vertueux et généreux prélat mourut le 22 octobre 1560; son corps fut inhumé d'abord dans le couvent des Minimes de Beauregard (qui fut encore une de ses pieuses fondations), puis transporté plus tard dans l'église des Jésuites de Billom (*Gallia Christiana,* t. ii, col. 297, *Moréri,* etc., etc.);

3° Géraude du Prat, mariée : 1° avec Méri de Rouvroy de Saint-Simon, seigneur de Précy et de Balagny-sur-Terrain, mort en 1526, fils de Guillaume de Rouvroy de Saint-Simon, seigneur de Rasse, chambellan du roi François Ier, et de Marie de la Vacquerie; 2° par contrat du 23 février 1527, à Réné, baron d'Arpajon,

sire de Séverac, maître d'hôtel de la reine
Éléonore d'Autriche, décédé le 11 août 1542,
fils de Jean IIe du nom, baron d'Arpajon et de
Séverac, vicomte d'Hauterive, sénéchal de Ro-
dez et échanson du roi, et d'Anne de Bourbon-
Roussillon.

FILS NATUREL DU CHANCELIER DU PRAT :

Nicolas Dangu, prêtre du diocèse de Char-
tres, légitimé par lettres patentes du mois de
septembre 1540. Il fut abbé de Juilly, conseil-
ler d'état, maître des requêtes, chancelier de
Navarre en 1555, évêque de Seez, puis de
Mende. Il mourut en 1567, et fut enterré dans
l'abbaye de Juilly. (Voyez *Gallia christiana*, t. I,
col. 106; de Thou, liv. XXIII, et *Olhagaray*,
fol. 508.)

VI. ANTOINE DU PRAT, IIIe du nom, seigneur
de Nantouillet et de Précy, baron de Thiers et de
Thoury, chevalier de l'ordre du roi, gentilhomme
ordinaire de la Chambre, succéda à Pierre Bru-
lart dans l'office de prévôt de Paris, qu'il remplis-
sait en 1547. Il avait épousé, le 30 novembre
1527, Anne d'Alègre, baronne de Viteaux et
dame de Précy, qui portait pour armes : *de*
gueules, à la tour d'argent, maçonnée de sable,
accostée de six fleurs de lys d'or. Fille et héritière de François d'Alègre, seigneur de Précy,
grand-maître et général réformateur des eaux et

forêts de France, et de Charlotte de Châlons, comtesse de Joigny et dame de Viteaux, Anne d'Alègre, ayant survécu à Antoine du Prat, se remaria avec Georges de Clermont d'Amboise, marquis de Gallerande, au profit duquel elle disposa de tous ses biens au préjudice des enfants qu'elle avait eus de son premier mari. Ce fut la matière d'un grand procès jugé aux états de Blois à l'avantage de la maison du Prat, et qui donna lieu à l'édit des secondes noces. Du mariage d'Antoine du Prat et d'Anne d'Alègre sont issus :

1° Antoine IV, dont l'article viendra ;

2° Nicolas du Prat, baron d'Ancienville, mort célibataire ;

3° Guillaume du Prat, baron de Viteaux, légataire du baron d'Ancienville, son frère. La fureur des duels, poussée dans le 16ᵉ siècle à ses plus grands excès, n'a pas eu de héros plus redouté que le baron de Viteaux. Sa renommée s'était répandue en Espagne, en Allemagne et en Angleterre. Une inscription, sans doute exagérée, porte qu'il se battit en duel contre les rois de Bohême, de Pologne et de Suède (1). Le baron de Soupez, à Toulouse, Gonnelieu, premier écuyer de la grande écurie du roi, et Antoine d'Alègre, baron de Milhau, son parent, périrent de sa main. Brantôme, ami et frère d'armes du baron de Viteaux, qu'il appelle le

_____

(1) C'est-à-dire contre des champions choisis par ces princes.

Parangon de France, explique la cause de ces deux derniers meurtres. Gonnelieu et d'Alègre avaient tué avec supercherie deux frères de Guillaume du Prat. La rencontre avec le baron de Milhau avait eu lieu sur le quai des Augustins, en face de l'hôtel du Prat, en 1571. Les deux Boucicaut, qu'on appelait les lions du baron de Viteaux, y tenaient tête à la suite d'Antoine d'Alègre, composée de cinq ou six gentilshommes. Une blessure grave, que l'un des Boucicaut reçut à la cuisse et qui força Guillaume du Prat à suspendre sa fuite, fut cause de son arrestation à dix lieues de Paris. Emprisonné au Fort-l'Évêque, il ne dut son salut qu'aux pressantes sollicitations du prévôt de Paris, son frère aîné, et du premier président de Thou. Ceux qui s'étaient montrés le plus acharnés à sa perte étaient le roi de Pologne (Henri III) et Louis de Bérenger du Gua, son favori (1). La haine implacable de ce dernier força le baron de Viteaux à s'éloigner de la cour. Mais, dans

---

(1) L'animosité du roi de Pologne (auparavant duc d'Anjou) contre le baron de Viteaux avait eu pour cause une grave impolitesse de ce seigneur. Le duc d'Anjou (Henri III), le roi de Navarre (Henri IV), et Henri, duc de Guise, se présentèrent un soir à son hôtel d'Hercule, quai des Augustins, et lui demandèrent à souper. Guillaume du Prat ne parut pas et envoya un insolent refus. Les princes, indignés, ordonnèrent qu'on les servît sur-le-champ, puis, après leur souper, ils firent piller l'hôtel et jeter l'argenterie par les fenêtres. Le roi Charles IX, auquel le baron se plaignit, fit défense au premier président d'informer sur cette affaire. Cette anecdote et le caractère turbulent du baron de Viteaux expliquent suffisamment la défaveur où il était tombé à la cour.

la nuit du 1er novembre 1575, il monta inopi-
nément dans la chambre de Du Gua, à travers
ses gardes, l'attaqua près de son lit, quoiqu'il
n'eût qu'un épieu pour se défendre, et le tua.
Brantôme, qui perdait un ami dans le brave Du
Gua, n'a pas trouvé une seule expression pour
flétrir cette atroce vengeance. Il s'émerveille au
contraire de la dextérité avec laquelle le baron
de Viteaux échappa à toutes espèces de pour-
suites, tant l'habitude du duel et du meurtre
était enracinée dans les mœurs de cette époque. Guillaume du Prat ne se montra pas long-
temps sensible aux bons offices que lui avait
rendus son frère aîné. Le 22 juin 1576, il se
rendit dans son château de Nantouillet, le força
à lui remettre des valeurs pour 4,000 écus, sous
prétexte d'un supplément de partage, et em-
mena ses meilleurs chevaux. Le ressentiment
poussa le prévôt de Paris à une action plus blâ-
mable encore. L'année suivante, il dénonça son
frère au roi Henri III, comme ayant conjuré
avec d'autres contre sa personne, et s'offrit de
le prouver par témoins (*Histoire des Grands
Officiers de la couronne*, t. VII, pages 454, 455.)
Le baron de Viteaux, devenu la terreur même
de sa famille, subit à son tour la destinée des
duellistes. Le jeune Yves d'Alègre, baron de
Milhau, vint un jour lui demander raison du
sang de son père. Le rendez-vous fut donné le
7 août 1583, derrière le couvent des Chartreux,
à Paris. Guillaume du Prat y fut tué. Brantôme

cherche vainement à insinuer par des *on dit*
qu'Yves d'Alègre avait la poitrine couverte
d'une légère cuirassine peinte couleur de chair.
Il eût pu trouver une explication plus naturelle de l'issue de ce combat dans l'âge du baron de Viteaux et la vigueur de son adversaire,
animé d'ailleurs par un juste ressentiment. Guillaume du Prat n'avait pas été marié.

Fille naturelle du baron de Viteaux :
Fortune du Prat ;

4° François du Prat, auteur de la branche
des barons de Thiers et de Viteaux, rapportée
ci-après page 25 ;

5° N.... du Prat, tué à l'âge de quinze ans
par le seigneur de Gonnelieu. Il était alors at-
taché au service du duc d'Alençon (*Brantôme*);

6° Antoinette du Prat, mariée à Christophe
d'Alègre, seigneur de Saint-Just et d'Oisery, fils
de Gabriel, baron d'Alègre, et de Marie d'Es-
touteville. Elle mourut à Paris en 1598;

7° Renée du Prat, épouse de François de Chabannes, marquis de Curton, chevalier des ordres du roi, lieutenant-général en Auvergne, où
il gagna, en 1590, la bataille d'Issoire contre le
comte de Randan, chef des troupes de la Ligue.
Il était fils de Joachim de Chabannes, baron de
Curton, chevalier d'honneur de la reine Catherine de Médicis, et de Catherine-Claude de la
Rochefoucauld;

8° Françoise du Prat, qui fut la première femme de François des Essarts, chevalier, seigneur

2

de Sautour, gentilhomme ordinaire de la chambre du roi, son écuyer d'écurie, et lieutenant
en Champagne, tué à Trèves le 18 juin 1590,
fils de Claude des Essarts, seigneur de Thieux
et de Sormery, et de Gabrielle Gouffier de Fou-
geroux ;

9° Jeanne du Prat, dame de Puisieux et en
partie de Viteaux. Elle ne fut pas mariée, et fit
son testament le 8 mai 1604 en faveur de Louis-
Antoine du Prat, son petit-neveu.

VII. Antoine du Prat, 4ᵉ du nom, seigneur de
Nantouillet et de Précy, baron de Thoury, reçu prévôt de Paris le 19 février 1553, à la place de son père, fut depuis chambellan du roi Charles IX. Il eut
pour femme Anne de Barbançon, sœur de Louis
de Barbançon, dernier rejeton de l'illustre maison
des barons de Barbançon en Hainaut, et fille de
François de Barbançon, seigneur de Cany, et
d'Antoinette de Wavrin de Waziers. La maison de
Barbançon portait pour armes : *d'argent, à 3 lion-
ceaux de gueules, lampassés, armés et couronnés
d'or.* Un arrêt du parlement de Paris prononça sa
séparation d'avec son mari. Antoine du Prat mourut en 1588. Anne de Barbançon se remaria à Réné Viau, seigneur de Chanlivault et de l'Etang,
chevalier des ordres du roi, capitaine de cin-
quante hommes d'armes et gouverneur d'Auxerre.
Elle avait eu de son premier mari :

1° Michel-Antoine, dont l'article suit ;

2° Antoine du Prat, abbé de Bonlieu. Il fut

tuteur des enfants de François du Prat, baron de Thiers, et comme tel il obtint, le 12 juillet 1583, la confirmation de tous les priviléges dont jouissaient les seigneurs de Formeries, et particulièrement du droit de marché franc et exempt de toutes impositions le mercredi de chaque semaine;

3° Louise du Prat, mariée : 1° le 9 mai 1598, avec Réné de Chandieu, marquis de Nesle et comte de Joigny; 2° le 16 février 1611, avec Charles de Berbisy, seigneur d'Hérouville;

4° Michelle du Prat, dame de Précy et de Puisieux, morte en 1626 sans avoir été mariée;

5° Catherine du Prat, abbesse de Notre-Dame-des-Clérets, près Nogent-le-Rotrou, morte le 15 novembre 1640, à 57 ans.

VIII. MICHEL-ANTOINE DU PRAT, seigneur de Nantouillet et de Précy, baron de Thoury, fut tué en duel par le comte de Sault, le 12 mars 1606. Il avait épousé Marie Séguier (1), fille de Pierre Séguier, marquis de Sorel, président au parlement de Paris, et de Marie du Tillet de la Bussière. Il avait eu de ce mariage un fils et deux filles;

1° Louis-Antoine, dont l'article suit;

2° Louise du Prat, mariée, au mois d'août 1626, à Gabriel-Aldonce de Castelnau, comte de Clermont-Lodève, marquis de Saissac, fils d'Alexandre, baron de Castelnau et de Cler-

---

(1) Les armes de cette maison sont décrites page 26.

mont-Lodève, marquis de Saissac, et de Catherine de Caumont;

3° Anne du Prat, femme du seigneur de
Chastelas.

IX. Louis-Antoine du Prat, marquis de Nantouillet et de Précy, baron de Thoury, mort au
mois d'avril 1681, à l'âge de 81 ans, avait épousé,
le 16 novembre 1626, Madeleine de Baradat,
sœur de Henri de Baradat, évêque de Noyon et
pair de France, et de François de Baradat, favori
de Louis XIII, et fille de Guillaume de Baradat,
seigneur de Damery, gentilhomme ordinaire de la
chambre du roi Henri III, et de Suzanne de Ro-
main; les armes de cette maison sont : *d'azur, à
la fasce d'or, accompagnée de 3 roses d'argent.*
De ce mariage sont issus :

1° Louis du Prat, marquis de Nantouillet,
commandant les gendarmes du cardinal Maza-
rin, tué à la bataille du faubourg Saint-An-
toine en 1652, à l'âge de 22 ans;

2° François-Henri du Prat, marquis de Nantouillet, après son frère aîné. Il eut le commandement du régiment de cavalerie de la
reine (Anne d'Autriche), et mourut en 1697,
sans enfants de ses deux mariages avec 1° demoiselle de Jarente de Senas, fille du marquis
de Senas; 2° et Louise d'Aguesseau, veuve de
Philippe Gruyn, receveur général des finances
à Alençon;

3º Louis-Antoine du Prat, lieutenant dans le régiment de son frère ;

4º François, 1er du nom, qui a continué la postérité, et dont l'article suivra ;

5º Geneviève du Prat, morte sans alliance ;

6º Madeleine du Prat, mariée à Gilbert de Chaslus, marquis de Saint-Priest, fils de Claude de Chaslus, baron d'Orcival, et d'Antoinette de Saint-Priest.

X. FRANÇOIS DU PRAT DE BARBANÇON, 1er du nom, connu du vivant de ses frères sous le nom de chevalier de Nantouillet, fut depuis comte de Barbançon, marquis de Cany, etc., par succession de son arrière-grand-oncle, Louis de Barbançon, seigneur de Cany, qui l'avait substitué à ses biens, nom et armes (1). Il fut aussi capitaine de cavalerie dans le régiment de la reine, et premier maître d'hôtel de Philippe de France, duc d'Orléans. Il mourut le 25 juin 1695. Il avait épousé, le 20 juin 1685, Marie-Anne Colbert du Terron, fille de Charles Colbert, seigneur du Terron, marquis de Bourbonne, conseiller d'état, qui portait pour armes : *d'or, à la bisse d'azur*. Elle se remaria, au mois de juin 1699, avec Hyacinthe Thomas, comte de la Caunelays, maréchal de camp et gouverneur de Belle-Isle, et mourut le 5 juin 1719,

---

(1) Depuis cette époque, cette branche a *écartelé aux 1 et 4 de* Barbançon ; *aux 2 et 3 contre-écartelés de gueules, à la bande d'or*, qui est de Châlons ; *et d'or, au cor de chasse d'azur*, qui est d'Orange ; *sur le tout Du Prat.*

ayant eu de son premier mari les enfants qui suivent :

1º François, 2ᵉ du nom, dont l'article suit;

2º François-Henri du Prat, dit le chevalier
de Barbançon, reçu dans l'ordre de Malte en
1695.

XI. FRANÇOIS DU PRAT DE BARBANÇON, 2ᵉ du
nom, comte de Barbançon, marquis de Nantouillet, de Cany et de Varennes, baron de Viteaux,
seigneur du Plessis d'Alègre, etc., fut grand veneur de Philippe II, duc d'Orléans, régent, colonel d'un régiment d'infanterie, et brigadier des
armées du roi le 1ᵉʳ février 1719. Il avait épousé,
le 8 octobre 1712, Claire-Charlotte-Séraphine du
Tillet, morte aux eaux de Bourbonne le 21 juillet
1744. Elle était fille de Jean-François du Tillet,
vicomte de Saint-Mathieu, et de Jeanne de Bohan,
comtesse de Nanteuil. Les armes du Tillet sont :
d'or, à la croix patée et alésée de gueules. Le
marquis de Nantouillet mourut à l'âge de 66 ans,
le 15 décembre 1748. Il avait eu de son mariage :

1º Louis-Antoine, dont l'article suit;

2º François-Antoine du Prat de Nantouillet,
baron de Viteaux, mort sans postérité;

3º Françoise du Prat, religieuse aux Chazes en
Auvergne ;

4º N... du Prat, abbesse de la Joye, près Ne-
mours, au diocèse de Sens, en 1758;

5º Une autre fille, qui fut aussi religieuse.

XII. Louis-Antoine du Prat de Barbançon, marquis de Barbançon, lieutenant général des armées du roi, naquit en 1714. Entré au service comme lieutenant réformé au régiment du roi le 11 février 1731, il y obtint une enseigne le 23 septembre suivant. Il marcha avec ce régiment à l'armée d'Italie en 1733, et se trouva aux siéges de Pizzighitone, de Milan, de Novarre et de Tortone durant cette campagne et la suivante. Le 25 mars 1734, il passa capitaine au régiment de Toulouse, cavalerie, et assista la même année aux batailles de Parme et de Guastalla. Le 23 mars 1735, il prit le commandement d'un régiment de cavalerie de son nom (Barbançon), à la tête duquel il combattit à l'affaire de Clausen. En 1741, son régiment faisait partie de l'armée de la Meuse. Marchant avec la 3e division de l'armée, il pénétra en Westphalie et passa l'hiver dans le duché de Berg. Lorsque l'on marcha sur les frontières de la Bohême, le marquis de Barbançon se trouva à plusieurs escarmouches très-vives, et prit part au secours de Braunau et au ravitaillement d'Egra. Rentré en France avec l'armée, au mois de juillet 1743, il contribua à la défaite des ennemis à Rhinvillers. A l'armée du Rhin, l'année suivante, il commanda son régiment à la reprise des lignes de Weissembourg et de la Lautern. Il reçut le brevet de brigadier de cavalerie le 2 mai de la même année, se trouva à l'affaire de Haguenau et à la prise de Cronembourg; puis, en 1746, sous le prince de Conti, aux siéges de Mons et de Charleroy, et sous le maréchal de Saxe au siége de Namur et à la bataille de Raucoux. En 1747, il combattit à Lawfeldt, et l'année suivante au siége de Maestricht, dans les Pays-Bas. Il avait été créé maréchal de camp le 1er janvier 1748. A la fin de cette campagne il fut contraint de quitter l'armée pour aller aux eaux rétablir sa santé. Il fut nommé premier veneur du duc d'Orléans en 1752, inspecteur-général de la cavalerie et des dragons, le 17 décembre 1754, et lieutenant général des armées le 1er mai 1758. Il fut employé dans ce grade au camp de Dunkerque, puis sur les côtes de Flandre (*Chronologie historique militaire*, par Pinard, t. v, page 596). Le marquis de Barbançon avait épousé : 1° le 22 février 1735, Angélique-Françoise-Joséphine de Thiard de Bissy, qui portait pour armes : *d'or, à 3 écrevisses de gueules*, morte en couches à 17 ans, le 30 septembre 1736. Elle était petite nièce du cardinal de Bissy, et fille d'Anne-Claude de Thiard, marquis de Bissy, et d'Anne-Angélique-Henriette-Thérèse Chauvelin ; 2° le 26 mars 1749, Antoinette-Éléonore de Fay de la Tour-Maubourg, morte aussi en couches le 25 juin 1750, fille de Jean-Hector de Fay, marquis de la Tour-Maubourg, chevalier des ordres du roi, lieutenant-général de ses armées, et de dame Marie-Suzanne Bazin de Besons, fille du maréchal de Besons. Les armes de Fay sont : *de gueules, à la bande d'or, chargée d'une fouine d'azur.* Le marquis de Barbançon fut père des enfants qui suivent :

Du premier lit :

1° Un fils, né en 1736, mort le 26 mai 1746;

Du second lit :

2° Augustin-Jean-Louis-Antoine, qui suit:

XIII. AUGUSTIN-JEAN-LOUIS-ANTOINE DU PRAT, comte, puis marquis de Barbançon, né à Paris le 10 juin 1750, entra au service dès l'âge de 8 ans comme officier à la suite de la cavalerie. Il passa avec le même grade à la suite des carabiniers en 1765, et fut nommé successivement capitaine au régiment de Noailles en 1768, colonel à la suite de la cavalerie en 1773, colonel au régiment d'Orléans le 23 juin 1775, chevalier de l'ordre de Saint-Louis le 11 juin 1783, et maréchal de camp le 24 mars 1790. Il a émigré l'année suivante, et est décédé sans postérité.

BRANCHE DES BARONS DE THIERS ET DE VITEAUX
(*éteinte*).

VII. FRANÇOIS DU PRAT, baron de Thiers, seigneur de Formeries, chambellan du duc d'Anjou, quatrième fils d'Antoine du Prat, 3e du nom, seigneur de Nantouillet, et d'Anne d'Alègre, fut tué en duel par Antoine d'Alègre, baron de Milhau (Brantôme, *des Duels*, p. 117). Il avait épousé

Anne Séguier, qui se remaria avec Hugues de la
Vergne, chambellan et capitaine des gardes du
duc d'Anjou. Elle était fille de Pierre Séguier,
seigneur de la Verrière, lieutenant criminel de Paris,
et de Catherine Pinot. Les armes de Séguier sont :
*d'azur, au chevron d'or, accompagné en chef de
deux étoiles du même, et en pointe d'un mouton
d'argent.* François du Prat fut père de :

1° Antoine, premier du nom de cette branche, dont l'article suivra ;

2° Philippe du Prat, dame d'Acy en Valois,
première femme de Clément de Cosnac, gentilhomme ordinaire de la chambre du roi, et
lieutenant au gouvernement de Soissons, fils
puîné de Galiot de Cosnac, écuyer, seigneur de
Cosnac et de Creisse, et d'Antoinette de Plas.
Philippe du Prat fut célèbre par son esprit, son
imagination brillante et son savoir. Elle fut
aimée de Jean d'Avost, officier de la reine Marguerite, traducteur des sonnets de Pétrarque,
et exerça la muse de ce poëte en 1583 et 1584;

3° Anne du Prat, demoiselle d'honneur de
la reine Catherine de Médicis en 1584. Elle
épousa Honorat Prévost, chevalier, seigneur
du Chastelier-Portault, de Bressigny, de la Fer-
té, etc., gentilhomme ordinaire de la chambre
du roi, mort sans enfants en 1592, fils de Jean
Prévost, chevalier, seigneur des mêmes terres,
et de Paule Chabot. La Croix du Maine dit que
cette Dame, sa sœur et Anne Séguier, leur
mère, écrivaient avec beaucoup de politesse,

soit en prose, soit en vers, en français et en latin.

VIII. Antoine du Prat, 1er du nom de cette branche, baron de Thiers, de Viteaux et de Formeries, obtint, le 23 février 1584, avec ses sœurs, des lettres pour sortir de la tutelle de Simon de la Haye, gentilhomme ordinaire du duc d'Anjou, qui leur avait été donné pour tuteur après la mort d'Antoine du Prat, abbé de Bonlieu. Il épousa Chrétienne de Sayve, dame de Jumeaux, en Bourgogne, qui portait pour armes : *d'azur, à la bande d'argent, chargée de trois couleuvres de gueules;* fille de Claude de Sayve, chevalier, seigneur de Monculot, président de la chambre des comptes de Dijon, et de Charlotte Noblet. De ce mariage sont issus :

1° René du Prat, baron de Jumeaux, maréchal de bataille, mort en 1647;

2° Antoine, 2e du nom de cette branche, dont l'article suit ;

3° Charlotte du Prat, mariée en 1623 à Pierre du Fay, chevalier, baron de la Mezangère, de Marcilly, de Saint-André, etc.

IX. Antoine du Prat, 2e du nom, baron de Viteaux et de Formeries, décédé au mois d'août 1648, s'était allié, en 1632, avec Claude des Barres, qui portait : *d'azur, à la fasce d'or, chargée d'une étoile de gueules, et accompagnée de trois croissants d'argent;* fille de Pierre des Barres, baron de Ruffey, président au parlement de Dijon, et de Charlotte Bourgeois de Mouilleron. De ce mariage vinrent :

1° Louis-Antoine, dont l'article suit ;

2° René du Prat, né en 1636, mort le 18 septembre 1642 ;

3° Perrette-Françoise du Prat, épouse d'Antoine de Guinault, chevalier ;

4° Marie-Antoinette du Prat, mariée, par contrat du 28 février 1679, avec Christophe de Bonneval, chevalier, seigneur de Jouy, mort en 1685. Elle vivait encore en 1699 ;

5° N... du Prat, religieuse à Châtillon-sur-Seine ;

6° N... du Prat,
7° N... du Prat, } mortes sans alliance.

X. LOUIS-ANTOINE DU PRAT, baron de Viteaux, de Formeries, etc., épousa Anne Lenet, fille de Pierre Lenet, procureur-général au parlement de Dijon, et de Nicole de Souis. Les armes de Lenet sont : *d'azur, à la fasce ondée d'argent, accompagnée de trois quintefeuilles d'or.* Le baron de Viteaux mourut en 1729, après avoir disposé de la majeure partie de ses biens (plus de 40 mille livres de rente) en faveur de François II du Prat, comte de Barbançon, son cousin. De son mariage il a laissé :

1° Louis-Antoine-Bernard du Prat, marquis de Formeries, né le 21 février 1687, marié, en

1711, avec Charlotte-Angélique Le Bourgoing, fille de Charles Le Bourgoing, marquis de Folin, et de Marguerite-Françoise Amelot, et sœur de Marguerite-Françoise Le Bourgoing, épouse de Paul de Grivel de Grossove, comte d'Ourouer. Le marquis de Formeries mourut sans postérité le 6 juin 1712. Il était colonel d'infanterie;

2° Jacques du Prat, religieux bénédictin à l'abbaye de Saint-Benigne de Dijon;

3° Antoinette du Prat, prieure des Ursulines de Châtillon-sur-Seine.

BRANCHE DES SEIGNEURS DE GONDOLE, DE BOUSDE, DE NAZAC, DES CORNETS, ETC.

V. THOMAS-ANNET DU PRAT, écuyer, seigneur de Veyrières, de Gondole, de Peyrusse, de Bousde, etc., quatrième fils d'Antoine du Prat, 1er du nom, dit Ricot, seigneur de Veyrières. Il fut successivement juge de la ville d'Issoire, bailly d'Annonay et capitaine de la forteresse d'Argental par provisions de Louise de Savoie, duchesse d'Angoulême, mère de François Ier, du 29 janvier 1527. Il est qualifié co-seigneur de Chavagnac dans un aveu et dénombrement fourni, le 30 juillet 1537, à la baronnie de Mercœur, par Antoine, seigneur de Chavagnac, et mourut en 1540. Il avait épousé Gabrielle de Chaslus, qui portait : *échiqueté d'or et de gueules*, fille et héritière de Robert de Chaslus, seigneur de Bousde, de Gondole, etc., et de Marie de Rochefort. Dans le testament que fit Gabrielle de Chaslus, le 27 octobre 1552, elle nomme ses trois fils et une fille qui suivent :

1º Antoine-Paul, dont l'article suivra ;

2º Guillaume du Prat, mentionné dans le testament de sa mère ;

3º Thomas du Prat, seigneur de Gondole, qui fut mis sous la curatelle de sa mère en 1540. Il fut père de :

Annet du Prat, seigneur de Gondole, qui laissa de son mariage avec Madeleine de Mars :

Anne du Prat, qui épousa, en 1596, François-Jean de Chaslus ;

4º Gabrielle du Prat, femme de Guillaume de Sudre.

VI. ANTOINE-PAUL DU PRAT, écuyer, seigneur de Bousde, co-seigneur de Chavagnac, fit un partage avec ses frères en 1552. Il épousa, par contrat du 9 février 1564, Perronnelle de Saillans, fille de Jean, seigneur de Saillans, qui portait pour armes : *d'azur, à la tour à trois donjons d'or, au chef d'argent, chargé d'un lion issant de gueules.* Il fit son testament le 9 janvier 1568, et laissa les deux fils qui suivent :

1º François du Prat, seigneur de Bousde, marié, par contrat passé à Nonnette, le 20 février 1591, avec Louise de Montainard, fille de Jean de Montainard et de Jacqueline de la Suchère. De ce mariage est issue :

Maximilienne-Gasparde du Prat, mariée,

le 16 novembre 1619, avec Pierre de Douhet, seigneur de Montbrison, fils d'Antoine
de Douhet, seigneur de Marlat, et d'Anne
de Belvezer. De ce mariage naquit, entre
autres enfants :

Jérôme de Douhet de Marlat, reçu
chevalier de l'ordre de Malte, au grand-
prieuré d'Auvergne, en 1642 ;

2° Claude-François, qui a continué la descen-
dance, et dont l'article suit :

VII. Claude-François du Prat, écuyer, seigneur de Nazac, puis des Cornets, institué héritier
de son père avec son frère François, le 9 janvier
1568, fit un partage avec ce dernier le 22 janvier
1594. Il porta les armes pour le service du roi sous
le maréchal de Saint-Geran, suivant plusieurs cer-
tificats de ce seigneur. Il avait épousé, le 25 novembre 1596, Marguerite, dame de Ribes, qui
portait pour armes : *d'or, à une montagne de
gueules, surmontée d'une fleur de lys du même.*
De ce mariage vinrent :

1° Jean-François, dont l'article suit;

2° François-Dominique, auteur de la branche des seigneurs de Ribes, comtes du Prat,
rapportée page 33.

VIII. Jean-François du Prat de Nazac, seigneur
des Cornets, fut nommé, les 30 août 1634 et 14 novembre 1635, cornette, puis lieutenant de la compagnie du comte de Saint-Aignan. Il épousa, le 14

décembre 1638, Claude de Faidides de Chalandras,
qui portait : *d'or, à trois taupes de sable*, fille de
François de Faidides, écuyer, seigneur de Chalandras, d'Yvoine, etc., et de demoiselle des Bravards
d'Eissat. De ce mariage sont issus :

1° Jean-Joseph, dont l'article suit ;

2° Claude-Dominique du Prat, reçu chanoine
comte de Brioude en 1662.

IX. Jean-Joseph du Prat, chevalier, seigneur
des Cornets, fut marié avec Françoise de Bournat
de la Faye qui portait pour armes : *d'or, au chevron de gueules, accompagné de trois cors de
chasse de sable, liés de gueules*. Il fut maintenu
dans sa noblesse en 1666, par M. de Fortia, intendant d'Auvergne. De son mariage il n'a laissé
que les deux filles qui suivent :

1° Catherine du Prat, dame des Cornets, qui
était sous la tutelle d'Alexandre de La Salle,
écuyer, seigneur de Luzère, en 1706, date d'un
hommage qu'il rendit pour elle à raison d'une
maison forte et directe, située en la paroisse de
St-Jean-de-Glaine, élection de Clermont (*Chambre des Comptes de Paris*, registre 507, p. 125);

2° Françoise, dont l'article suit :

X. Françoise du Prat, dame des Cornets, après
sa sœur, avait été mariée, au mois de février 1710,
avec Louis-Joseph d'Aurelle, seigneur de la Frédière, de Pizé, etc. De leur mariage sont issus les
deux fils et les deux filles qui suivent :

1° François-Hector d'Aurelle, seigneur de la Frédière et des Cornets, capitaine d'infanterie, marié, le 27 août 1736, avec Michelle du Lac, fille unique de Michel du Lac, chevalier, seigneur dudit lieu, de Badefort, etc., et de Marie de Bosredon du Puy-Saint-Gulmier, dont postérité;

2° Pierre-Antoine d'Aurelle;

3° Marie-Catherine d'Aurelle;

4° Françoise-Adrienne d'Aurelle.

Les armes d'Aurelle sont: *d'or, au chevron d'azur, surmonté d'un lambel renversé de gueules.*

BRANCHE DES SEIGNEURS DE RIBES, COMTES DU PRAT.

VIII. François-Dominique du Prat, chevalier, seigneur de Ribes, des Salles, de Layre, de la Bressoulière, etc., deuxième fils de Claude-François du Prat, écuyer, seigneur de Nazac et des Cornets, et de Marguerite, dame de Ribes, fut d'abord enseigne de la compagnie du chevalier de Bellebrune, puis enseigne de la compagnie colonelle du même régiment, et lieutenant de la compagnie mestre-de-camp du régiment de Piémont. Ses services lui valurent une pension de 2,000 livres, que lui fit le roi, et dont il jouissait en 1643. Il était écuyer de la grande-écurie de Louis XIV en 1659, et maître d'hôtel de la duchesse d'Orléans (Henriette-Anne d'Angleterre), lorsque lui et son frère Jean-François du Prat, seigneur des Cornets, furent mainte-

nus dans leur noblesse par M. de Fortia, intendant d'Auvergne, le 2 décembre 1666. François-
Dominique du Prat est qualifié maître-d'hôtel du
roi, dans un aveu et dénombrement qu'il fit, en
1669, des Châtellenies, terres et seigneuries de la
Bressoulière, de Mozun, de Bougheat, etc., près
Billom (*Chambre des comptes de Paris*). Il avait
épousé, en 1647, Marie-Catherine des Bravards
d'Eissat (1), fille d'Antoine des Bravards, écuyer,
seigneur d'Eissat et de Bouy, et d'Isabeau de Lan-
guedoue de Pussay. De ce mariage il laissa :

1° Jean-François, comte du Prat, chevalier,
seigneur de Ribes, des Salles, de la Bressoulière, etc., capitaine d'une compagnie de chevau-
légers, vivant en 1716. Il avait épousé, le 16 avril
1690, Adrienne-Geneviève Baron de Cottinville, fille d'Antoine Baron de Cottinville, seigneur de Pussay, conseiller du roi en ses conseils, et d'Adrienne de Maupeou d'Ableiges.
N'ayant pas eu d'enfants, il institua Claire-Françoise du Prat, sa nièce, son héritière universelle,
sous la condition que son fils unique porterait
le nom et les armes de la maison du Prat (2);

---

(1) Famille ancienne et des mieux alliées de la province d'Auvergne,
laquelle a prouvé sa filiation devant M. de Fortia, intendant de cette
province, depuis l'année 1364. Elle a donné un chanoine comte de
Brioude, en 1552, et porte pour armes : *d'azur, au chevron d'or,
accompagné de 3 billettes du même.*

(2) En vertu de cette substitution, les descendants de Claire-Françoise du Prat ont écartelé leur écu *aux* 1er *et* 4 des Bravards d'Eissat,
et *aux* 2 et 3 du Prat. Ils le somment d'une couronne de comte et
portent pour supports 2 lions.

2° Jean-Baptiste-Gaston, qui suit :

IX. JEAN-BAPTISTE-GASTON DU PRAT, chevalier, fut exempt des gardes-du-corps du roi et mourut en 1704, laissant du mariage qu'il avait formé en 1696, avec Anne-Angélique d'Adoncourt, la fille unique, dont l'article suit :

X. CLAIRE-FRANÇOISE DU PRAT, née le 13 octobre 1698, mariée le 25 janvier 1717 avec Jean-François des Bravards d'Eissat, chevalier, seigneur de Montrond, fils de feu Jean-François des Bravards d'Eissat, seigneur de Montrond, et de Jacqueline de Vidal. De ce mariage est issu le fils unique qui suit :

XI. JEAN-BAPTISTE DES BRAVARDS d'Eissat, comte du Prat, seigneur des Salles, de Montrond, etc., né le 10 mars 1720, épousa, au mois de juin 1739, Marie-Anne-Horace de Saulx-Tavannes, fille de haut et puissant seigneur Nicolas de Saulx, marquis de Tavannes, vicomte de Piramont, baron de Montgilbert et de Mayet-de-Montagne, et d'Antoinette de Sève de Flechères. Les armes de Saulx-Tavannes sont : *d'azur, au lion d'or, lampassé et armé de gueules*. Le comte du Prat habitait son château des Salles en 1774, et avait eu de son mariage les cinq enfants qui suivent :

1° Jean-Louis des Bravards d'Eissat, comte du Prat, né en 1745, fut successivement cornette

3.

dans le régiment de Bourbon-Busset, cavalerie, le 1er février 1759, aide-de-camp du prince de Condé en 1762, et capitaine dans Royal-Picardie en 1763; il passa avec rang de lieutenant-colonel dans les grenadiers à cheval en 1765. Réformé en 1766, il devint lieutenant-colonel du régiment d'Orléans, infanterie, le 28 avril 1778, et fut créé chevalier de l'ordre de Saint-Louis. Il a été condamné à mort par le tribunal révolutionnaire de Paris, le 28 avril 1794. Il n'avait pas été marié;

2° Etienne-Marie, qui a continué la postérité et dont l'article suivra;

3° Joseph-Antoine-Charles des Bravards d'Eissat du Prat, bachelier de Sorbonne, reçu chanoine honoraire du chapitre noble d'Ainay, au diocèse de Lyon, en 1774. (*La France chevaleresque et chapitrale*, par le vicomte de G....., année 1787, p. 151.) Il est mort à Paris le 29 octobre 1829;

4° Antoinette-Françoise-Marie des Bravards d'Eissat du Prat, prieure de Saint-Benoît à Lyon, puis abbesse de Croupières;

5° Claire-Nicole des Bravards d'Eissat du Prat, morte religieuse au couvent de Saint-Benoît de Lyon en 1779.

XII. ETIENNE-MARIE DES BRAVARDS D'EISSAT, comte du Prat, officier au régiment de la vieille marine, épousa, le 29 juin 1791, Céleste-Augustine-

Catherine Pierre de Saincy (1). Le comte du Prat
a émigré et a fait partie de la coalition d'Auvergne à l'armée des princes; sa femme, la comtesse du
Prat, est décédée à Moulins le 8 février 1841. Ils
ont laissé le fils qui suit :

XIII. Marc-Louis-Gabriel des Bravards d'Eissat, comte du Prat, né le 25 septembre 1792, a
épousé à Lyon, au mois de février 1824, Anne-
Jeanne-Joséphine Merlat, dont il a eu trois enfants :

1° Gabriel-Antoine du Prat, né à Lyon le 21
avril 1828;

2° Céleste-Augustine-Françoise-Marie du Prat,
née à Lyon le 21 septembre 1825;

3° Marie-Madeleine du Prat, née à Lyon le 9
avril 1827.

_____

(1) Deux demoiselles de Saincy, Anne et Françoise-Marie, filles de
Pierre Pierre, écuyer, seigneur de Saincy, de Franay et autres terres,
et d'Augustine-Guillemette Ferrand, furent mariées, la première à :
1° François de la Chassagne, écuyer, seigneur d'Uxeloup, au diocèse
de Nevers ; 2° François de Courvol, capitaine au régiment d'Agenais ;
et la seconde, en 1694, à Lazare de Courvol, écuyer, seigneur de
Lucy, frère de François, et fils aîné de François de Courvol, chevalier,
seigneur de Grandvaux, de Lucy, de Montas, etc., et de Marguerite
de Pagany. Deux tantes de la comtesse du Prat avaient épousé MM. de
Livron et de Tardy. Son père, Jean-Jacques Pierre de Saincy, seigneur
de Saint-Cy, de Franay, etc., marié, en 1752, avec Pierrette Cathe-
rine-Gabrielle de Maulnory, dont il a eu quatre filles, fut l'une des
trente-deux victimes que le tribunal révolutionnaire fit périr après
la prise de Lyon. Les armes de cette maison sont : *d'azur, à une
clef d'argent et un bourdon d'or en sautoir ; en chef une étoile
d'argent, et en pointe une coquille d'or.*

BRANCHE DE HAUTERIVE,

IV. CLAUDE DU PRAT, seigneur de Hauterive, puis de Niolet après son frère Guillaume, 4ᵉ fils d'Annet du Prat, 1ᵉʳ du nom, et de Béraude Charrier, est qualifié capitaine de Milhau dans l'*Histoire des Grands-Officiers de la couronne* (T. VI, page 453). Il épousa, en 1472, Gabrielle de Sudre, qui portait : *d'azur, à trois globes cintrés d'or, croisés d'argent*, petite-nièce de Guillaume de Sudre, cardinal et évêque d'Ostie. De ce mariage sont issus entre autres enfants :

1° Jacques, dont l'article suit ;

2° Antoine du Prat, énoncé fils de feu Claude du Prat, dans l'acte d'investiture de la terre de Beaurecueil, en faveur de Thomas Bohier, écuyer, seigneur de Saint-Ciergues, par acte du 6 janvier 1500, auquel fut aussi présent Antoine du Prat, fils de feu Guillaume. Antoine du Prat était capitaine de Milhau en 1531. Sa destinée ultérieure n'est pas connue ;

3° Vital, dont l'article viendra après celui de Jacques, son frère aîné ;

---

(1) Cette branche a toujours conservé ses armes pleines et entières, telles qu'elles sont décrites à la fin de cette généalogie : elle somme son écu de la couronne de marquis, et porte pour supports deux lions, et pour devise : *Spes mea Deus.*

4° Françoise du Prat, mariée à Jacques Le Clerc, dit Coctier, seigneur d'Aunay et de Nonneville;

5° Claudine du Prat, mariée, en 1504, à Jean Barillon, seigneur de Murat, secrétaire du roi et premier commis du chancelier du Prat.

V. JACQUES DU PRAT, seigneur de Hauterive, de Niolet et d'Auzac, qualifié élu pour le roi en l'élection de Clermont dans une quittance qu'il donna le 10 février 1529, avait épousé, le 12 février 1518, Madeleine d'Oradour, fille de Jacques, seigneur d'Oradour, qui portait : *de gueules, à la croix de Toulouse d'or*, et d'Antoinette de Cortial. Madeleine d'Oradour vivait encore en 1562, et était veuve dès 1554. Jacques du Prat en avait eu :

1° Blaise du Prat, mort sans postérité;

2° Jeanne du Prat, dame de Hauterive, qui épousa Jacques de Boniol, seigneur de Benazat. Ils vivaient en 1576;

3° Françoise du Prat, mariée à Jean d'Orlat, écuyer. Elle lui donna les biens qu'elle avait à Broc, en Auvergne, et ils les vendirent à Jean de Montmorin.

V. VITAL DU PRAT, écuyer, fils puîné de Claude, seigneur de Hauterive, et de Gabrielle de Sudre, épousa, en 1517, Bertrande du Puis, qui portait pour armes : *d'azur, à trois têtes de lion d'or*. De ce mariage vinrent :

1° Antoine du Prat, tué en duel, en 1549, par le baron de Magnasse;

2° Gaspard, qui a continué la postérité et dont l'article suivra;

3° Dauphine du Prat, mariée, vers l'année 1540, avec Raimond de La Trémolière, seigneur de Rouffiac et d'Alenc, qui en eut, entre autres enfants:

> Catherine de La Trémolière, qui épousa, par contrat du 16 janvier 1564, Jacques de Méalet, seigneur de Fargues, de Romegoux et de La Chapelle, gentilhomme de la chambre du roi.

VI. GASPARD DU PRAT, écuyer (filleul de l'amiral de Coligny), ayant embrassé la religion prétendue réformée, fut nommé gouverneur de la ville de Bazas pour le roi de Navarre, gouverneur général de la Guienne. Il épousa, en 1562, Marguerite de Torrebren. Il fut tué à Paris le jour de la Saint-Barthélemy, 1572, avec l'amiral de Coligny; sa femme, ainsi que deux de ses enfants, furent massacrés à Bazas, et leurs biens furent pillés et confisqués, étant de la religion protestante.

VII. ISAAC DU PRAT, écuyer, seigneur de la Caseneufve, fils du précédent, fut d'abord capitaine au régiment de Champagne, puis commandant de la forteresse d'Argental, dans le Vivarais. Quelque temps après il se retira à Nérac où il fit abjuration de la

religion prétendue réformée , et se maria : 1° en
1605 avec demoiselle Marcelle de Bellet, qui portait
pour armes : *d'or, à la croix de sable ;* 2° avec
demoiselle Marthe La Marque. Ses enfants furent :

Du premier lit :

1° Jacques du Prat, dont l'article suit ;

Du second lit :

2° Tobie du Prat , auteur de la branche des
seigneurs de Cadmus , de Comblas et de La
Caseneufve, rapportée plus loin, page 54 ;

3° N... du Prat de Tonadon,) commandant cha-
cun une Cie au régi-
4° N... du Prat, ment d'infanterie de
Saint-Geniez;

5° N... du Prat de la Caseneufve , enseigne
de la compagnie colonelle , dudit régiment de
Saint-Geniez ;

Ces trois derniers moururent sans postérité. Ce fut à leur requête que le roi, étant
en son conseil, rendit un arrêt qui déchargea
cette ligne de toute poursuite , à raison de
leur qualité d'écuyer : cet arrêt porte la date
du 3 décembre 1666.

6° N... du Prat, tué au siége de Pavie ;

7° N... du Prat, tué au siége de Valence.

VIII. JACQUES DU PRAT, écuyer, seigneur de Saint-
Aignan, de la Barthe et de Berry, épousa, en 1640,

damoiselle Catherine du Clédat, née à la Réole, de laquelle il laissa :

1° Antoine du Prat, mort sans postérité;

2° Jacques du Prat, prieur de Sainte-Marguerite et curé de Rouez, dans le Maine;

3° Jacques du Prat, qui fut marié à la Réole. De lui est issu par plusieurs générations :

> Messire Esprit-Pierre du Prat, curé de Rouez, qui assista comme cousin de Pierre-Antoine du Prat, seigneur de la Goupillière, à son contrat de mariage, en 1771, avec Suzanne des Portes de Saint-Père. Il émigra et mourut à Santander, en Espagne ;

4° Pierre, 2ᵉ du nom, dont l'article suit :

IX. PIERRE DU PRAT, 2ᵉ du nom, écuyer, seigneur de la Barthe en Guienne, et de Rouez au Maine, conseiller du roi, trésorier de l'extraordinaire des guerres. Une tradition consacrée dans cette famille porte que Pierre du Prat avait fait partie d'un duel de sept gentilshommes auvergnats contre sept autres, qui eut lieu en 1682, dans le bois taillis de Bonnachat, paroisse de Mozun, dépendant de l'évêché de Clermont. Il eut le malheur d'y tuer M. le chevalier de Chaslus : alors il quitta sa province et vint se retirer à Angers, où il épousa, deux ans plus tard, par contrat du 12 février 1684, passé devant Gaudicher, notaire royal à Angers (1), damoiselle Dorothée Le

---

(1) Dans le contrat il est qualifié sieur de la Barthe et de Berry, fils

Maire de Millières, baptisée le 15 mars 1651 (1),
fille de feu messire Jean Le Maire, chevalier, seigneur de Millières et de la Goupillière, et de dame
Madeleine de Rousseau. Pierre du Prat fit re-
gistrer ses armes : *d'or, à la fasce de sable, accompagnée de trois trèfles de sinople*, et celles de
sa femme : *d'argent, au sautoir de sable*, confor-
mément à l'ordonnance rendue par les commissaires généraux du conseil, le 28 juin 1697, à
l'*Armorial général de France*, généralité de Paris,
n°s 602 et 603. Il mourut au château de La Goupillière, le 25 octobre 1725, âgé de 70 ans. Sa
veuve se retira au couvent des Ursulines du Mans,
où elle décéda le 5 juin 1730, dans sa 80° année.
Leurs enfants furent :

1° Pierre-Jacques-Michel, dont l'article suit :

2° Pierre-Jean-Baptiste du Prat, prêtre, docteur de la Faculté de Paris, de la maison et
société royale de Navarre, abbé commandataire
de l'abbaye royale de Saint-Jean-en-Vallée, de

---

de défunts Jacques du Prat, écuyer, seigneur de Saint-Aignan, de la
Barthe et de Berry, et de demoiselle Catherine du Clédat. Dans l'acte
de bénédiction nuptiale, du 14 février 1684, il est qualifié messire
Pierre du Prat la Barthe, écuyer, et il est dit que ses père et mère
sont du diocèse de Bazas.

(1) On a le tableau des seize quartiers de Dorothée Le Maire de
Millières; ce sont : Le Maire, de Saint-Gorlais, de Melet, de la Godière,
de Ferrequin, de Bouville, de Montesson, Jagu, de Rousseau, Le
Maire de Larochejacquelin, de Chazay, de Savary, de Juigné, de
Pierres du Plessis-Baudouin, de Sainte-Melaine et de Lisle.

La famille Le Maire est éteinte, ses trois branches de Millières, de
Courtemanche et de Cordouan n'étant plus représentées que par des
filles, et celle de Courceriers n'ayant laissé aucun rejeton.

Ses armes sont *d'argent, au sautoir de sable.*

Chartres, et aumônier du duc d'Orléans, régent, et grand-vicaire du diocèse de Montpellier, en 1740.

3° Jeanne-Thérèse-Dorothée du Prat , baptisée le 1er décembre 1689, en l'église collégiale de Landau , mariée , par articles du 15 et contrat du 19 mars 1707 , passé devant Bloche et Provost, notaires au Maine (mariage célébré le 23 du même mois), avec messire Antoine Jacques de Faudoas , comte de Sérillac , gouverneur pour le roi des ville et château d'Avranches en Normandie , fils de Pierre de Faudoas , comte de Sérillac , capitaine au régiment de Hocquincourt, cavalerie , et de dame Marie-Charlotte de Courtarvel-Pezé. Elle mourut à 19 ans, au château de Courteille, au Maine, au mois d'octobre 1708, laissant une fille :

Charlotte-Dorothée de Faudoas de Sérillac, mariée à Michel Eon de la Buronie, comte de Cély, dont un fils marié à mademoiselle de Méry, et de cette alliance une fille, mademoiselle de Cély, épouse de M. le comte d'Astorg.

4° Madeleine-Paule du Prat , mariée, au château de la Goupillière, par contrat du 5 février 1711, passé devant Blanche et son collègue, notaires et garde-notes de la province du Maine (mariage célébré le 16 du même mois) , avec messire Jean-Thomas de Montesson, chevalier, seigneur de Douillet, de Saint-Aubin-du-Désert et autres lieux, capitaine d'une compagnie de cavalerie dans le régiment de Villeroy, et depuis maréchal général des logis de la cavalerie de France, fils de défunts messire Jean-Thomas de Montesson, chevalier, seigneur des mêmes lieux, et de dame Marguerite Maudet.

X. PIERRE-JACQUES-MICHEL DU PRAT, chevalier, seigneur de Rouez, de la Goupillière, de Veigron, de Coulètre, de Courgou, du château de Tennie et autres lieux, baptisé le 13 mars 1685, en l'église paroissiale de Hombourg (Lorraine alle- mande), fut reçu conseiller au parlement de Paris en 1710. Il est qualifié haut et puissant seigneur dans le contrat de mariage de Renée-Marie du Prat, sa fille. Le 25 juin 1700, Marie Georget, veuve de François de Semallé, écuyer, lui fournit un aveu et dénombrement. Il en reçut un autre le 11 sep- tembre 1725, de Louis du Bouchet, comte de Montsoreau, marquis de Sourches, lieutenant-gé- néral des armées du roi et grand-prévôt de France, pour le fief de Verinette, mouvant de la seigneu- rie de Rouez. Pierre-Jacques-Michel du Prat par- tagea, les 7 et 9 mars 1731, les successions pater- nelle et maternelle avec Jean-Baptiste du Prat, son frère, docteur de Sorbonne, aumônier de S. A. R. le duc d'Orléans, messire Antoine-Jacques de Fau- doas, comte de Sérillac, mari en premières noces de Jeanne-Thérèse-Dorothée du Prat (1), et mes-

_____

(1) Après la mort de Dorothée du Prat, le comte de Sérillac s'était remarié, en 1709, avec Marie Hervée de Carbonnel, fille du marquis de Canisy.

sire Jean-Thomas de Montesson, chevalier, seigneur
de Douillet et autres lieux , veuf de Madeleine-
Paule du Prat, ces derniers stipulant comme tuteurs
de leurs enfants. Pierre-Jacques-Michel du Prat
avait épousé , par contrat du 18 septembre 1712,
passé devant Courtois et Lemasle, notaires au Châ-
telet de Paris, Marie-Louise Heuslin, morte à Paris
le 29 avril 1738, fille de Michel Heuslin, écuyer,
receveur général des finances de la généralité de
Soissons, et de dame Marie-Élisabeth Jourland (1),
fille de Robert-Michel Jourland , major de la ville
et du château de Soissons. Les armes de Heuslin
sont : *d'argent, à deux merlettes de sable en chef et
une quintefeuille de gueules en pointe.* M. du Prat se
démit de sa charge de conseiller au parlement de
Paris , le 30 août 1734, en faveur de Charles Le
Clerc de Lesseville, et fut nommé conseiller honoraire par lettres du 26 février 1736. Il mourut en
son château de la Goupillière , le 20 novembre
1744. De son mariage sont issus :

1° Pierre-Jean-Baptiste, dont l'article viendra;

2° Renée-Marie du Prat , mariée, par contrat
du 10 décembre 1736, passé devant Beaume,
notaire royal au bourg de Tennie au Maine, avec
messire Charles-René des Nos , chevalier, seigneur de Pannard, fils aîné de messire Charles

---

(1) Marie-Elisabeth Jourland , veuve de Michel Heuslin, épousa
en secondes noces, le 19 avril 1718, François Hue de Miroménil
(oncle du marquis de Miroménil , garde-des-sceaux de France sous
Louis XVI), colonel du régiment de Miroménil , tué à Oran , le
3 juin 1733.

des Nos , chevalier, seigneur de Pannard, et de
défunte dame Renée-Marie LeClerc, sa première
femme;

3° Perrine-Dorothée du Prat, née le 16 janvier 1715, religieuse;

4° Madeleine-Paule du Prat, née à Paris le 24
décembre 1716, morte le 24 juillet 1717;

5° Marie-Pauline du Prat, née au château de la
Goupillière le 23 février 1721, mariée dans la
chapelle du même château, le 20 novembre 1747,
à Richard-Jacques-Philippe-Urbain-Marie de
Fontaines de Saint-Victeur.

XI. Pierre-Jean-Baptiste du Prat, chevalier,
seigneur de Rouez, de la Goupillière, de Courgou,
de Tennie, etc., né à Ligny en Barrois le 10 décembre 1719, fut nommé enseigne au régiment
de la reine, infanterie, le 8 novembre 1739. Il
passa gentilhomme à drapeau aux gardes françaises le 18 janvier 1740, et y devint second, puis
premier enseigne les 17 juillet 1743 et 23 février
1744. Il avait fait la première campagne de la
guerre pour la succession d'Autriche, et s'était
distingué le 27 juin 1743 à la bataille de Dettingen. Il s'allia par contrat du 19 mars 1744, passé
devant Guenois, notaire à Blois, avec Marie-Madeleine Brillon, fille d'Antoine-Jean Brillon, écuyer,
conseiller du roi, trésorier de France en la généralité d'Orléans, et de défunte dame Marie Boys.
Les armes de la maison de Brillon sont : *d'argent,
au chevron de gueules, accompagné en chef de 2*

étoiles d'azur, et en pointe d'un arbre terrassé de sinople. Pierre-Jean-Baptiste du Prat est décédé au Mans, le 1er mai 1813. Ses enfants furent :

1° Pierre-Antoine, dont l'article suit;

2° Marie-Marguerite du Prat, mariée, par contrat du 25 avril 1767, passé devant Le Goué, avocat au parlement, et notaire royal à Conlie, avec messire Claude-François de Boutault, chevalier, seigneur de la Borde et de Champigny, capitaine des grenadiers au régiment royal, infanterie, et chevalier de l'ordre de St-Louis, fils de défunts messire Claude-François de Boutault, chevalier, seigneur de la Hocquetière, et de dame Marie-Anne de Coulanges.

XII. PIERRE-ANTOINE DU PRAT, chevalier, seigneur de Rouez et de la Goupillière, de la châtellenie de Tennie, de Boisyvon, de Courgou, de Coulètre, de Veigron et autres lieux, qualifié haut et puissant seigneur en divers actes, naquit à Blois le 8 janvier 1749. Il fut nommé successivement enseigne, sous-lieutenant et lieutenant au régiment royal, infanterie, les 16 septembre 1761, 1er février 1762 et 27 novembre 1767. Le 6 août 1787, il fit aveu à Monsieur, frère du roi, pour sa terre et châtellenie de Tennie, mouvante de la tour Ribaudelle du Mans, et pour ses terre, fief et seigneurie de Coulètre (1), mouvante de la ba-

_____

(1) L'acte porte qu'autrefois cette seigneurie s'appelait Courlètre. Elle est située dans la paroisse de Rouez.

ronnie de Sainte-Suzanne. Émigré en 1791 avec sa femme et ses enfants, Pierre-Antoine du Prat joignit à Worms l'armée du prince de Condé, sous les ordres duquel il servit d'abord dans la compagnie noble de Villiers, cavalerie, ensuite en qualité d'aide-de-camp du comte de Choiseul. Il passa en Angleterre au mois de janvier 1797 et fut reçu chevalier de l'ordre de St-Louis le 1er décembre de la même année, par le marquis de Chasteloger (le brevet en fut renouvelé sous la restauration, le 2 novembre 1814). Au commencement de 1797 madame du Prat et son fils étaient rentrés en France pour recueillir les débris de leur fortune confisquée et mise sous le séquestre. Pierre-Antoine du Prat ne rentra qu'au commencement de 1802. Il est décédé à Versailles le 17 novembre 1826. Il avait épousé, par contrat du 7 octobre 1771, passé devant Monthoard et son collègue, notaires au Mans, Susanne des Portes de Saint-Père (1), née au château de la Présaye (Mayenne), le

(1) Issue d'une ancienne famille de la province du Maine, originaire de Bretagne, dont la dernière branche, terminée par quatre filles, s'est éteinte dans les maisons de Cumont, de la Poëze et du Prat. Un arrêt du conseil d'état du 23 septembre 1671 porte que noble Charles des Portes, écuyer, seigneur de Saint-Père, épousa demoiselle Renée de Monnayer, et qu'il en eut Simon des Portes, écuyer, seigneur de Saint-Père et de la Forest, marié, le 10 juin 1527, avec damoiselle Catherine de Villeneuve, père et mère de Gilles des Portes qui suit, et de Jeanne des Portes, mariée, en 1570, avec Vincent de Porcon, écuyer, seigneur de la Halcherie. Gilles des Portes, écuyer, seigneur de Villeneuve et de Saint-Père, gouverneur des ville, château et duché de Mayenne, gentilhomme ordinaire de la chambre de Monsieur, puis de la chambre du roi, et mestre-de-camp de dix compagnies de gens de pied, avait épousé, le 14 mai 1572,

18 novembre 1751, fille de feu messire Pierre-
François-Michel-Louis des Portes de Saint-Père,

---

damoiselle Madeleine de Noyau. Leur fils aîné, René des Portes,
écuyer, seigneur de Saint-Père, se maria, le 24 février 1607, avec
damoiselle Suzanne de Pigémonet, dont est né Pierre des Portes,
écuyer, seigneur du Boullay, lieutenant de la compagnie de Gribauval,
lequel fut maintenu dans sa noblesse par l'arrêt du conseil d'état
précité, du 23 septembre 1671. Il avait épousé, le 18 octobre 1661,
demoiselle Anne des Vaulx de Levaré, qui lui survécut, et épousa en
secondes noces Jean, seigneur de Hercé, dont elle était aussi veuve
en 1703, après en avoir eu un fils, Jean de Hercé. Du premier mariage était issu Michel des Portes de Saint-Père, écuyer, seigneur du
Boullay et de la Présaye, marié, le 5 février 1695, avec Marie le
Maire de Courtemanche, fille de feu René le Maire, chevalier, seigneur
de Millières et de Courtemanche, gouverneur pour le roi du château
Trompette à Bordeaux, et des ville et duché de Mayenne, et de dame
Françoise Le Tonnelier de Breteuil. Leur fils, messire Alexis-Pierre
des Portes de Saint-Père, chevalier, seigneur du Boullay et de la
Présaye, épousa, le 29 août 1722, demoiselle Catherine Gaultier de
la Villaudray, veuve en premières noces de Claude de La Haye, écuyer,
seigneur de Bellegarde, de laquelle il laissa Pierre-François-Michel-
Louis, qui suit, et François des Portes, écuyer, vivant en 1729.
Pierre-François-Michel-Louis des Portes de Saint-Père, chevalier,
seigneur de la Présaye, etc., épousa, vers 1745, Suzanne-Thérèse-
Renée de la Matrais (*), la dernière de cette ancienne famille de la
province du Maine. De ce mariage sont issues : 1° Catherine-Suzanne-
Ambroise des Portes de Saint-Père, épouse de messire Jean-Charles
de Cumont, chevalier, seigneur du Pruina ; 2° Jeanne-Marie-Thérèse
des Portes de Saint-Père, morte sans alliance; 3° Marie-Renée-Am-
broise des Portes de Saint-Père, épouse de messire René de la Poëze,
chevalier, seigneur de la Collessière ; 4° et Suzanne des Portes de
Saint-Père, qui a donné lieu à cette note.

Dans un extrait d'anciens titres isolés de cette famille, il est fait
mention de Geoffroy des Portes, écuyer, vivant en 1324, et de Guillaume, seigneur des Portes, qui régla le partage de sa sœur Péronnelle
des Portes en 1376, et en faveur duquel Pierre, comte d'Alençon,
seigneur de Fougères, ordonna à son receveur dudit Fougères, le
26 avril 1392, de faire délivrer audit Guillaume, sire des Portes, cinq

---

(*) La maison de la Matrais, ou Matraye, portait : *d'argent, à trois quintefeuilles
de gueules, posées deux et une.*

chevalier, seigneur de la Présaye, du Boullay, de Morand, de la Fauconnière et autres lieux, et de dame Suzanne-Thérèse-Renée de la Matrais. Elle mourut à Versailles le 16 août 1839. De ce mariage sont issus :

1° Pierre-Jean-François, dont l'article suit;

2° Suzanne-Catherine-Adélaïde du Prat, née le 11 septembre 1772, morte à La Haye le 8 septembre 1794, sans alliance;

3° Madeleine-Caroline-Pauline du Prat, née le 4 janvier 1776, morte à Bruxelles le 13 mai 1794, sans alliance;

4° Marie-Louise-Justine du Prat, née le 5 février 1783, morte à La Haye au mois de juillet 1794, sans alliance.

XIII. PIERRE-JEAN-FRANÇOIS DU PRAT, chevalier, né au Mans le 9 décembre 1779, était depuis deux ans élève de l'école militaire de Pontlevoy, lorsqu'il en sortit pour accompagner sa famille en émigration. Rentré en France en 1797, il a épousé par contrat du 2 février 1807, passé devant Desjardins et son collègue, notaires à Versailles, Simplicie-Reine-Rose Le Conte de Nonant de Raray, fille de haut et puissant seigneur messire Joseph-Antoine-Alexis Le Conte de Nonant, chevalier, dit

---

mesures de froment qui lui étaient dues sur les moulins des ponts du Coursvon, près Antrain.

Cette maison portait pour armes : *d'azur, à trois fusées d'or, l'une sur l'autre en fasces.*

le comte de Raray (1), puis le comte de Nonant, capitaine au régiment de Royal-Roussillon (décédé le 29 novembre 1792), et de haute et puissante dame Cécile-Rose Le Conte de Nonant de Pierrecourt, comtesse de Nonant-Raray (encore existante), et petite-fille de messire Jean-Joseph Le Conte de Nonant, chevalier dit d'abord le marquis de Néry, puis le marquis de Raray, vicomte chatelain de Fauguernon, baron d'Angerville, seigneur desdites terres, de Forges, le Pin, la Pinterie, Ecorcheville, le Béchet, le Brévedent, etc., mestre de camp de cavalerie, chevalier de St-Louis, qualifié en plusieurs actes très-haut et très-puissant seigneur, et de dame Marie-Reine-Victoire de Durcet, baronne de Ponçay ou Poncé (en Vendomois) marquise de Raray, son épouse, aussi qualifiée très-haute et très-puissante dame. Pierre-Jean-François du Prat est décédé à Versailles le 17 mars 1815. De son mariage il a laissé :

---

(1) Dans les preuves, pour l'ordre de Malte, de messire Bonaventure-Jean-Joseph-Augustin le Conte de Nonant-Raray, marquis de Flamanville, frère aîné du comte de Raray, on trouve ce témoignage sur l'ancienneté et les distinctions de cette famille, qu'elle est de la plus ancienne et de la plus pure noblesse, alliée aux princes de Lorraine-Brionne, de Rohan, de Rohan-Montauban et Rohan-Soubise ; aux princes de Courtenay, de Dreux, ducs d'Aumont-Rochebaron, comtes d'Angennes, marquis de Moy, d'Herbouville, comtes d'Angers, d'Ailly, marquis d'Annebaut, etc. Les preuves faites pour les honneurs de la cour, en 1784, par le comte de Raray, ajoutent à ces alliances celles non moins distinguées de Narbonne, de Laval, d'Aché, d'Epinay-Saint-Luc, d'Etampes, etc. Cette maison a fourni, en outre, deux commandeurs de l'ordre de Saint-Lazare et du Mont-Carmel.

Ses armes sont : *d'azur, au chevron d'argent, accompagné en pointe de trois besants d'or, un et deux.* Supports : deux sauvages ; couronne de marquis.

1° Antoine-Théodore, marquis du Prat, dont l'article suit ;

2° François-Charles, comte du Prat, né à Versailles le 19 juillet 1815, reçu chevalier de Malte, à Rome, par bulle en date du 4 avril 1840 (1).

3° Pauline-Cécile du Prat, née à Versailles le 19 août 1811, morte sans alliance à Versailles le 26 février 1839.

XIV. Antoine-Théodore, marquis du Prat, né à Versailles le 22 janvier 1808, marié au château de la Batie, département de l'Ain, par contrat du 29 novembre 1840, passé devant Me Duquairre, notaire à Thoissey, à Marie-Antoinette-Lucrèce de Chabannes, fille de Eugène-Henri-François, comte de Chabannes, et de Gabrielle-Lucrèce-Zoé de Vidaud de La Tour (2), petite-fille de Jean-Baptiste - Marie, marquis de Chabannes, pair de France, titré cousin du roi, et de Cornélie-Zoé-Vitaline de Boisgelin, nièce du cardinal de ce nom, archevêque de Tours. La maison de Chabannes, issue des anciens comtes d'Angoulême,

---

(1) Les huit quartiers dont il a fait preuve pour son admission sont : du Prat, Brillon, des Portes de Saint-Père, de la Matrais, Le Conte de Nonant de Raray, de Durcet, Le Conte de Nonant de Pierrecourt, de Blanchebarbe de Grandbourg.

(2) La maison de Vidaud est alliée aux familles les plus illustres de Provence et de Dauphiné, entre autres celles de Planelli de La Valette, de Janson, de Cambis, de Simiane, du Bouchage, etc.

suivant quelques auteurs, est une des plus illustres de France, tant par ses alliances avec la maison royale de Bourbon et avec les familles les plus considérables du royaume, que par ses services. Ses armes sont : *de gueules, au lion d'hermines, lampassé, armé et couronné d'or*, et sa devise : JE NE LE CÈDE A NUL AUTRE.

BRANCHE DES SEIGNEURS DE LA CASENEUFVE, DE COMBLAS ET DE CADMUS.

VIII. TOBIE DU PRAT, écuyer, seigneur de la Caseneufve et de Comblas, deuxième fils issu du second mariage d'Isaac du Prat et de Marthe La Marque dont il est question page 41; il épousa, par contrat du 28 novembre 1638, demoiselle Catherine du Camp, de laquelle il eut :

IX. ISAAC DU PRAT DE CADMUS, écuyer, seigneur de Cadmus, de la Caseneufve, etc., qualifié noble dans ses contrats de mariage, né vers l'an 1641, épousa 1° le 28 mars 1664, mademoiselle Marthe du Prat; 2° en la paroisse de St-Séverin-lèz-Bordeaux, le 19 septembre 1688, demoiselle Marguerite de Pré, née vers 1669. Il mourut en 1726; sa femme lui survécut jusqu'en 1749. De ce second mariage il laissa :

X. DANIEL DU PRAT DE CADMUS, écuyer, seigneur de Cadmus et de la Caseneufve, né en 1689, épousa par contrat du 4 juin 1732, passé au château de Cadmus, juridiction de Nérac, demoiselle Isabeau (selon d'autres actes) Elisabeth de Courtieu, morte en 1749. De ce mariage est issu :

XI. FRANÇOIS DU PRAT DE CADMUS, écuyer, né en 1734, paraît être décédé sans alliance. Il fut maintenu dans sa noblesse, ses priviléges et la possession de ses armes par M. de Moncroc de Laval, lieutenant de MM. les maréchaux de France au département d'Albret, sénéchaussée de Nérac, sur procès-verbal de ses recherches et attestation de 17 gentilshommes, la plupart au service de S. M., en date du 9 avril 1768.

Cette branche de Cadmus a fourni plusieurs capitaines dans différents régiments, tant d'infanterie que de cavalerie, des officiers et des chevaliers de Saint-Louis ; et par arrêt du 3 décembre 1666, le roi étant en son conseil, elle fut déchargée de toute poursuite pour raison de sa qualité d'écuyer.

BRANCHE DES SEIGNEURS DE SAINT-AGNÈS
ET DE COUX.

III. GUILLAUME DU PRAT, second fils de Pierre Ier dont il est question page 3, est mentionné avec son frère Annet, dit Ricot, dans un acte de 1440. Il laissa, entre autres enfants :

1° Pierre, 1ᵉʳ du nom de cette branche, dont l'article suit ;

2° Jean du Prat.

IV. Pierre du Prat, 1ᵉʳ du nom de cette branche, est mentionné dans un acte de 1470. Il fut présent avec Antoine du Prat, seigneur de Veyrières, Ricot du Prat, Antoine de la Garde, juge ordinaire d'Issoire, etc., à la prise de possession de la capitainerie d'Issoire par Thomas Bohier, écuyer, seigneur de Saint-Ciergues, suivant acte du 2 juin 1500. Pierre du Prat fut père de :

V. Antoine du Prat, qui épousa, en 1491, damoiselle Isabeau de Coux, dame de Coux et de Saint-Agnès, près d'Issoire. Elle portait pour armes : *d'argent, à 3 fasces d'azur et une bande de gueules, brochante sur le tout.* De ce mariage vinrent :

1° Annet, dont l'article suit ;

2° Jean du Prat, curé de Montredon, en 1530.

VI. Annet du Prat, seigneur de Saint-Agnès et de Coux, a laissé trois fils et une fille :

1° Annet du Prat, mort sans postérité, en 1551 ;

2° Paul du Prat, vicaire-général de Mende, en 1551 (D. Vaissète);

3° Jean, 1ᵉʳ du nom, dont l'article suit ;

4° Gabrielle du Prat, femme de Jean Augier, en 1549.

VII. JEAN DU PRAT, 1ᵉʳ du nom, seigneur de Saint-Agnès et de Coux en 1541, épousa Isabeau Reinaud, fille de Jean Reinaud, lieutenant-général à Riom, et de Gabrielle Coiffier. La maison Reinaud portait : *d'azur, au navire d'argent, au chef d'or.* De ce mariage est issu :

VIII. JEAN DU PRAT, 2ᵉ du nom, seigneur de St-Agnès et de Coux, mort au mois de juin 1577. Il avait épousé Miracle de Bonnel, fille de Hugues de Bonnel, seigneur de Saint-Mandé. De ce mariage vinrent :

1° Jean III, dont l'article suit;

2° Isabeau du Prat, qui était veuve de Guillaume Cossette en 1597;

3° Marie du Prat, femme de François Augier, seigneur de Saint-Geniez;

4° Madeleine du Prat;

5° N... du Prat, épouse d'Antoine Senezes.

IX. JEAN DU PRAT, 3ᵉ du nom, seigneur de Saint-Agnès et de Coux, épousa Antoinette Le Court, fille de Jacques Le Court, seigneur de Mondori, et de Jeanne de Bagnols, dame de Vazeilles. Les armes de la maison Le Court sont : *d'azur, au chevron d'or, surmonté d'une croix du même, et accompagné de 3 aiglettes d'argent.* Il mourut au mois de septembre 1617. De son mariage étaient issus :

1º Pierre, 2ᵉ du nom de cette branche, dont l'article suit;

2º Jacques du Prat, marié avec Anne Mazues, et décédé sans postérité;

3º Madeleine du Prat, mariée, par contrat du 29 novembre 1619, avec Antoine de Baile, seigneur de St-Mandé;

4º Marie du Prat, qui épousa, le 1ᵉʳ mars 1620, Jean Colombi, seigneur des Augiers;

5º Renée du Prat, femme de Pierre Pelissier;

6º Jeanne du Prat, morte sans alliance.

X. PIERRE DU PRAT, 2ᵉ du nom de cette branche, seigneur de Saint-Agnès, juge d'Issoire, épousa Françoise Brugeat, qui portait pour armes : *d'or, au chevron d'azur*. Il est mort sans postérité.

ARMES :

D'or, à la fasce de sable, accompagnée de 3 trèfles de sinople.

Couronne de marquis.
Supports : deux lions.
Cimier : un lion issant.
Devise : *Spes mea Deus*.

Paris. — Imdrimerie de PAUL DUPONT et Cº.

www.ingramcontent.com/pod-product-compliance
Lightning Source LLC
LaVergne TN
LVHW022146080426
835511LV00008B/1282